Matemáticas 4º ESO
11. Técnicas de recuento. Combinatoria

José Rodolfo Das López

Matemáticas 4º ESO - 11. Técnicas de recuento. Combinatoria
© José Rodolfo Das López, 2018.
Correo Electrónico: `jose.das@jrdas.org`
Diseño portada y contraportada: Claudia Escribano Máñez
Edita: Sección del IES Fernando III de Ayora en Jalance

ISBN: 978-84-17613-11-2
Depósito Legal: V-1628-2018
1ª edición: Junio, 2018

Índice

Índice	**3**
1 Números factoriales. Propiedades	**5**
2 Números combinatorios. Propiedades	**6**
3 Estrategias de conteo basadas en el producto	**12**
4 Permutaciones	**14**
5 Variaciones	**18**
6 Combinaciones sin repetición	**24**
7 Distinción entre permutación, variación y combinación	**26**
Soluciones	**59**

1 Números factoriales. Propiedades

Se llama factorial de un número natural n y se representa por $n!$, al producto de los n primeros números naturales (excluído el 0).

$$n! = n \cdot (n-1) \cdot (n-2) \cdot \ldots \cdot 1$$

Nota

Para calcular el factorial de cualquier número x con la calculadora usaremos la tecla rotulada con $x!$. Así, para averiguar 5! pulsaremos el 5 seguido de la tecla «shift» 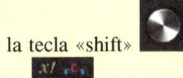, la del factorial y, por último el signo igual.

Ejercicio resuelto 1.1

Calcula los factoriales de 1, 4 y 7.

$1! = 1$, $4! = 4 \cdot 3 \cdot 2 \cdot 1 = 24$, $7! = 7 \cdot 6 \cdot 5 \cdot 4 \cdot 3 \cdot 2 \cdot 1 = 5040$.

Por convenio se ha establecido que, aunque $0 \notin \mathbb{N}$ y por definición 0! no tenga sentido, $0! = 1$. Si $n \in \mathbb{N}$, entonces siempre podremos hacer $n! = (n-1)! \, n$, ya que

$$n! = \underbrace{1 \cdot 2 \cdot 3 \ldots (n-2) \cdot (n-1)}_{(n-1)!} \cdot n$$

Ejercicio resuelto 1.2

Escribe los factoriales de 6 y 9 en función de los de 5 y 7, respectivamente.

$6! = 5! \cdot 6$, $9! = 7! \cdot 8 \cdot 9$.

Ejercicios

1. Calcula en tu cuaderno el factorial de los diez primeros números naturales y comprueba el resultado con la calculadora.

2. Simplifica las siguientes expresiones:

    (a) $\dfrac{6!}{3!} =$

    (b) $\dfrac{7!}{8!} =$

    (c) $\dfrac{10!}{5! \cdot 6!} =$

    (d) $\dfrac{9! \cdot 4!}{12!} =$

    (e) $\dfrac{8! \cdot 3!}{7! \cdot 4!} =$

    (f) $\dfrac{7! \cdot 5! \cdot 9!}{3! \cdot 10! \cdot 8!} =$

3. Escribir como cociente de números factoriales las siguientes expresiones:

    (a) $11 \times 10 \times 9 =$

    (b) $(x+1) \times (x-1) =$

    (c) $(p-2) \times (p-3) \times (p-4) =$

4. Halla el valor de x sabiendo que $x! = 110(x-2)!$.

5. Halla el valor de x en $12x! + 5(x+1)! = (x+2)!$.

6. ¿Cuántos ceros tiene al final el factorial del número 100?

7. Comprueba que

    (a) $(n-1)! = n! - (n-1)(n-1)!$

    (b) $(n+1)! - n! = \dfrac{(n!)^2}{(n-1)!}$.

2 Números combinatorios. Propiedades

Dados $m, n \in \mathbb{N}$, se define el **número combinatorio** o **coeficiente binómico** al número

$$\binom{m}{n} = \frac{m!}{n!(m-n)!}$$

y se leerá m **sobre** n. Con esta notación, se definen los siguientes números combinatorios:

- $\binom{m}{0} = \dfrac{m!}{0!(m-0)!} = \dfrac{m!}{0!m!} = 1$

- $\binom{0}{0} = \dfrac{0!}{0!0!} = \dfrac{1}{1} = 1$

- $\binom{m}{1} = \dfrac{m!}{1!(m-1)!} = \dfrac{(m-1)!m}{1!(m-1)!} = m$

Nota

Para calcular un número combinatorio, usaremos la tecla [÷]. De este modo, para calcular $\binom{5}{3}$, pulsaremos 5, después la combinación de teclas [SHIFT] junto con [÷] y por último el 3, seguido del signo igual.

Ejercicio resuelto 2.1

Calcula el valor del número combinatorio $\binom{9}{7}$.

Aplicando la definición:

$$\binom{9}{7} = \frac{9!}{7! \cdot (9-7)!} = \frac{9!}{7! \cdot 2!} == \frac{9 \cdot 8 \cdot 7!}{7! \cdot 2} = \frac{9 \cdot 8}{2} = \frac{72}{2} = 36$$

Ejercicios

8. Calcula en tu cuaderno los siguientes números combinatorios y compruébalos con la calculadora:

   (a) $\binom{5}{2} =$

   (b) $\binom{9}{4} =$

   (c) $\binom{7}{3} =$

   (d) $\binom{10}{5} =$

   (e) $\binom{13}{7} =$

   (f) $\binom{15}{10} =$

9. Observa el desarrollo y el cálculo de los números combinatorios de la actividad anterior. ¿Puede obtenerse en algún caso un número racional como resultado?

Hoy en día, con la utilización de la calculadora, es fácil calcular cualquier número combinatorio, sin embargo resulta bastante interesante el cálculo de números combinatorios con el siguiente triángulo, conocido entre otros nombres como Triángulo de Tartaglia[1], en la que cada número combinatorio se obtiene con el número de fila que se ocupa, empezando por la cero, en la parte superior y el orden que se ocupa dentro de esa misma fila en la parte inferior, empezando también desde cero:

---

[1] Sobre la autoría del triángulo habría mucho que hablar. Por el momento, lo resumiremos escuetamente diciendo que también se denomina Triángulo de Pascal

$$
\begin{array}{c}
\binom{0}{0} \\
\binom{1}{0} \quad \binom{1}{1} \\
\binom{2}{0} \quad \binom{2}{1} \quad \binom{2}{2} \\
\binom{3}{0} \quad \binom{3}{1} \quad \binom{3}{2} \quad \binom{3}{3} \\
\binom{4}{0} \quad \binom{4}{1} \quad \binom{4}{2} \quad \binom{4}{3} \quad \binom{4}{4} \\
\binom{5}{0} \quad \binom{5}{1} \quad \binom{5}{2} \quad \binom{5}{3} \quad \binom{5}{4} \quad \binom{5}{5} \\
\binom{6}{0} \quad \binom{6}{1} \quad \binom{6}{2} \quad \binom{6}{3} \quad \binom{6}{4} \quad \binom{6}{5} \quad \binom{6}{6}
\end{array}
$$

o, escribiendo los valores de cada uno de los números combinatorios:

$$
\begin{array}{c}
1 \\
1 \quad 1 \\
1 \quad 2 \quad 1 \\
1 \quad 3 \quad 3 \quad 1 \\
1 \quad 4 \quad 6 \quad 4 \quad 1 \\
1 \quad 5 \quad 10 \quad 10 \quad 5 \quad 1 \\
1 \quad 6 \quad 15 \quad 20 \quad 15 \quad 6 \quad 1
\end{array}
$$

Como se puede observar, una de las propiedades más sobresalientes de este triángulo es que cada elemento se obtiene como suma de los dos elementos que están inmediatamente a su derecha y su izquierda en la fila anterior. El triángulo se pueden apreciar algunas propiedades interesantes de los números combinatorios:

1. En el triángulo de Tartaglia se puede comprobar que el primer elemento de cada fila es 1

$$\binom{m}{0} = 1, \text{ para todo } m \in \mathbb{N}$$

2. En el triángulo de Tartaglia se puede comprobar que el último elemento de cada fila es 1.

$$\binom{m}{m} = 1, \text{ para todo } m \in \mathbb{N}$$

3. En el triángulo de Tartaglia se puede comprobar que el segundo elemento de cada fila es m.

$$\binom{m}{1} = m, \text{ para todo } m \in \mathbb{N}$$

4. En el triángulo de Tartaglia se puede comprobar que el penúltimo elemento de cada fila es m.

$$\binom{m}{m-1} = m, \text{ para todo } m \in \mathbb{N}$$

5. En el triángulo de Tartaglia se puede comprobar que las filas se leen igual de izquierda a derecha que de derecha a izquierda.

$$\binom{m}{n} = \binom{m}{m-n}, \text{ para todo } m, n \in \mathbb{N}$$

6. En el triángulo de Tartaglia se puede comprobar que cada número combinatorio se obtiene sumando los dos números combinatorios que tiene sobre él.
$$\binom{m}{n-1}+\binom{m}{n}=\binom{m+1}{n}, \text{ para todo } m,n \in \mathbb{N}$$

7. La suma de todos los números combinatorios cuyo número superior es m es igual a 2^m.
$$\sum_{k=0}^{m}\binom{m}{k}=2^m, \text{ para todo } m \in \mathbb{N}$$

Ejercicios

10. Comprobar algunas de las propiedades de los números combinatorios con:

    (a) $\binom{8}{0}=$

    (b) $\binom{11}{1}=$

    (c) $\binom{17}{16}=$

    (d) $\binom{20}{20}=$

11. Calcular el valor de x en las siguientes expresiones:

    (a) $\binom{12}{4}=\binom{12}{x}$

    (b) $\binom{16}{x}=\binom{16}{9}$

12. Escribir un número combinatorio que sea igual a la suma de los dos que aparecen y comprobar después el resultado.

    (a) $\binom{7}{3}+\binom{7}{4}=$

    (b) $\binom{10}{7}+\binom{10}{8}=$

    (c) $\binom{14}{10}+\binom{14}{11}=$

13. Comprueba que

    (a) $\binom{n}{k}=\dfrac{n}{k}\binom{n-1}{k-1}$,

    (b) $\binom{n}{1}+2\binom{n}{2}=n^2$,

    (c) $n\binom{m}{n}=m\binom{m-1}{n-1}$.

14. Calcula m sabiendo que
$$\binom{m}{6} = \binom{m}{3}.$$

15. Resuelve las ecuaciones siguientes:

    (a) $\binom{x}{3} = \binom{x}{2}$,

    (b) $\binom{x}{3} = x - 2$,

    (c) $\binom{x}{2} + \binom{x}{3} = x + 1$,

    (d) $7\binom{x}{4} = \binom{x+2}{4}$,

    (e) $2\binom{x}{4} = 2\binom{x}{3} - \binom{x}{2}$,

    (f) $\binom{x}{5} = \frac{2}{3}\binom{x}{6}$,

    (g) $7\binom{2x-2}{x-1} = 2\binom{2x}{x}$,

    (h) $18\binom{x}{2} + 24\binom{x}{3} = 125x$.

16. ¿Cómo comprobarías, sin hallar sus valores, que los números combinatorios siguientes son iguales?
$$\binom{6483}{3597} \text{ y } \binom{6483}{2886}$$

17. Resolver la ecuación
$$\binom{17}{x} = \binom{17}{9}$$

18. Calcula el valor de m para que se verifique la siguiente igualdad:
$$\binom{m+1}{2} + \binom{m}{2} + \binom{m-1}{2} = 19$$

19. Resolver la ecuación
$$\binom{16}{x+1} = \binom{16}{x-1}$$

20. Calcula el valor de
$$\binom{525}{523} + \binom{525}{524}$$

21. Resolver la ecuación
$$\binom{x}{0} + \binom{x}{1} + \binom{x}{2} = \frac{x^2}{2} + 2$$

22. Justifica del modo más rápido la igualdad:

$$\binom{4}{0} + \binom{4}{1} + \binom{4}{2} + \binom{4}{3} + \binom{4}{4} = 16$$

23. Encuentra una regla que generalice el cálculo anterior y que permita obtener el valor de

$$\binom{n}{0} + \binom{n}{1} + \binom{n}{2} + \cdots + \binom{n}{n-1} + \binom{n}{n}$$

3   Estrategias de conteo basadas en el producto

"¿De cuántas formas distintas se pueden repartir las tres medallas (oro, plata, bronce) los ocho finalistas de una carrera?" Propuestas como esta son propias de la combinatoria: a partir de una colección finita de objetos, averiguar cuántas agrupaciones hay que cumplan ciertas condiciones.

Problemas de este tipo a aparecen en todas las culturas y, en muchos casos, relacionadas con situaciones místicas o cabalísticas, como el *I Ching* chino o la *Cábala* judía. *Summa* (1914) de Luca Paccioli es la primera obra impresa en la que aparecen problemas de combinatoria.

La combinatoria empezó a fraguarse como ciencia paralelamente a la probabilidad y, por tanto estuvo ligada a los juegos. Aunque fue Tartaglia (algebrista italiano del siglo XVI) uno de los pioneros, esta ciencia recibió el mayor impulso a partir de la correspondencia mantenida por los franceses Pascal y Fermat (s. XVII) sobre situaciones de azar inspiradas en las mesas de juego. Los problemas probabilísticos que de ahí surgen se resuelven mediante un enfoque combinatorio. Bernoulli (s. XVIII) dedicó, en su *Arte de la conjetura*, algunos capítulos a asentar la teoría de la combinatoria, básica para el cálculo de probabilidades. El término combinatoria, tal como lo usasmo actualmente, fue introducido por el alemán Leibniz. Euler (s. XVIII) enriqueció la combinatoria con nuevas líneas de trabajo. Una de ellas, *los grafos*, comenzó su andadura con la resolución del reto de *los puentes de Königsberg*.

3.1. La estrategia del casillero

Esta estrategia se basa en la aplicación del siguiente principio: Si tenemos varios conjuntos A, B, ..., E, con $m, n, \ldots, p$ elementos, respectivamente, ¿de cuántas formas podremos escoger un elemento de cada uno de ellos? La respuesta es $m \cdot n \cdot \ldots \cdot p$.

La aplicación de este sencillo principio, que llamamos estrategia del producto, es muy cómoda, pero no siempre es fácil reconocer si es adecuado hacerlo.

> **Ejercicio resuelto 3.1**
>
> *Un botellero tiene 5 filas y 8 columnas. ¿Cuántas botellas caben en él?*
>
> Evidentemente, como por cada elemento del conjunto de las fiulas tenemos 8 elementos del conjunto de las columnas, el número total de botellas es
>
> $$\text{n}^{\text{o}} \text{ de filas} \times \text{n}^{\text{o}} \text{ de columnas} = 5 \times 8 = 40 \text{ botellas}$$

Nota

Las barajas de cartas y los dados son dos elementos ampliamente usados tanto en este tema como en el siguiente. Para unificar criterios, salvo indicación contraria, consideraremos que los dados son cubos de 6 caras, la baraja de póker o francesa, tendrá 52 cartas y la española, 48 cartas. Por último, si no se define de qué baraja se trata, consideraremos que ésta es española.

Baraja de póker o francesa

Baraja española

Ejercicios

24. Hay conversaciones bilaterales entre la C.E. y Japón. Los europeos acuden con 8 representantes, los japoneses con 11. Al encontrarse cada miembro de una delegación saluda, estrechando la mano, a cada miembro de la otra. ¿Cuántos apretones de mano se dan?

25. Lanzamos un dado y extraemos una carta de una baraja. ¿Cuántos resultados distintos podemos obtener? ¿Cuántos resultados distintos podemos obtener al lanzar 3 dados?

26. Irene tiene 4 pantalones y 6 camisetas. ¿Cuántas indumentarias puede elegir? ¿Y si tiene además 3 pares de zapatos?

En los ejercicios anteriores, podríamos considerar que Irene, además de blusas, pantalones y zapatos, tiene varias gorras y varios cinturones; que en lugar de lanzar tres dados, lanzamos n dados, etc. En todos estos casos, para obtener el número total de posibilidades, multiplicamos el número de opciones que se dan en cada uno de los componentes.

3.2. El diagrama en árbol

La "estrategia del casillero" nos ha resultado útil para pensar en determinados problemas. Veamos otros problemas para los que no resulta tan eficaz.

Ejercicio resuelto 3.2

Se juegan los partidos de ida de las semifinales de la Copa del Rey de fútbol. Son Mallorca-Deportivo y Betis-Albacete. Los chicos y chicas de 4º B son muy dados a hacer apuestas. Confeccionan una quiniela con los dos partidos y, en cada uno de ellos, hay que poner 1, X ó 2. Para ganar hay que acertar los dos resultados. Con el dinero recogido compran libros y se reparten entre todos los ganadores.

(a) ¿Cuántas quinielas tuvo que rellenar Mario, el forofo, que quería tener la seguridad de ganar?

(b) ¿Cuántas quinielas tendría que haber hecho Mario la semana pasada para acertar los 4 partidos de vuelta de los cuartos de final de la Copa del Rey?

(a) Lo podemos resolver mediante el siguiente diagrama en árbol:

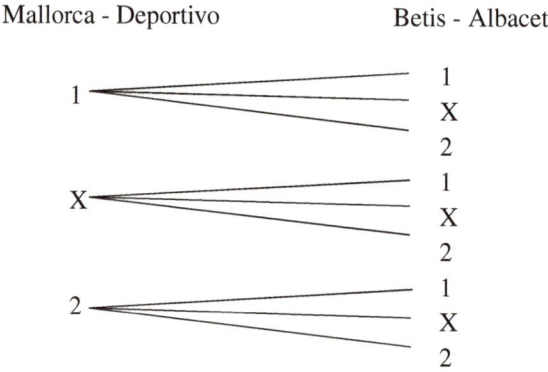

3 posibilidades para acertar el primer partido. A cada una de esas tres posibilidades le corresponden las tres que se necesitan acertar el otro partido.

(b) Lo podemos resolver mediante un diagrama en árbol similar al anterior. En cada paso, el número de posibilidades se multiplica por 3, pues el resultado de cada partido no depende de los anteriores. El número de quinielas posibles es 3^4, al haber 4 partidos.

4 Permutaciones

Las distintas ordenaciones que hemos obtenido con estos cinco elementos se llaman permutaciones de cinco elementos.

Permutaciones de *n* elementos son las distintas agrupaciones que se pueden formar, de modo que:

- En cada grupo están todos los *n* elementos.

- Dos grupos son diferentes si difiere el orden de colocación.

Ejercicio resuelto 4.1

Tras un Consejo de Ministros, se aprueba enviar cinco cargamentos de ayuda humanitaria a Níger, Sierra Leona, Burkina Faso, Malí y Chad. Como, por razones logísticas, los cargamentos no se pueden enviar simultáneamente, se expedirán uno a uno en cinco envíos distintos. ¿De cuántas formas diferentes se puede hacer, dependiendo del orden en que se envíe la ayuda?

El primer envío se puede realizar a cualquiera de los cinco países. Para el segundo envío sólo nos quedan cuatro países. El tercero se puede realizar a cualquiera de los tres países restantes. Para el cuarto ya solo quedan dos países sin recibir la ayuda. El quinto envío se realiza al país restante.
Si formamos el diagrama de árbol para obtener todos los envíos diferentes, vemos que estos son en total $5 \times 4 \times 3 \times 2 \times 1 = 120$.

4.1. Número de permutaciones. Factorial de un número

Hemos obtenido en el ejemplo anterior que el número de envíos posibles es:

$$P_5 = 5 \cdot 4 \cdot 3 \cdot 2 \cdot 1 = 120$$

De forma análoga, habríamos resuelto el problema si tuviéramos un número distinto de países.

Con dos países, $P_2 = 2 \cdot 1 = 2$ envíos diferentes.

Con tres países, $P_3 = 3 \cdot 2 \cdot 1 = 6$ envíos diferentes.

Con cuatro países, $P_4 = 4 \cdot 3 \cdot 2 \cdot 1 = 24$ envíos diferentes.

El número de permutaciones que se pueden formar con n elementos es igual a:

$$P_n = n(n-1)(n-2)\ldots 3 \cdot 2 \cdot 1$$

El producto P_n también se llama factorial de n y se representa por $n!$, es decir

$$\boxed{P_n = n!}$$

4.2. Permutaciones con repetición

Llamamos a las permutaciones con repetición de n elementos tomados de a en a, de b en b, de c en c, etc, cuando en los n elementos existen elementos repetidos (un elemento aparece a veces, otro b veces, otro c veces, etc) verificándose que $a+b+c+\cdots = n$.

El número de estas permutaciones será:

$$\boxed{PR_n^{a,b,c} = \frac{n!}{a!b!c!}}$$

Ejercicio resuelto 4.2

¿*Cuántos números de 6 cifras se pueden formar si en ellos siempre hay 1 uno, 2 doses y 3 treses?*

Como tenemos elementos que se repiten el número de permutaciones con repetición será

$$P_6^{1,2,3} = \frac{6!}{1!2!3!} = \frac{720}{1 \cdot 2 \cdot 6} = 60$$

Ejercicios

27. Alberto debe hacer algunas tareas del hogar. Tiene que fregar los platos, limpiar los cristales de las ventanas del salón, planchar, fregar el suelo de la cocina y aspirar su habitación. ¿De cuántas formas diferentes puede hacerlo dependiendo del orden?

28. En la habitación de Mercedes hay 10 CD fuera de sus cajas. Como tiene mucha prisa, al guardarlos no mira si las cajas en donde los coloca son las correctas.

    (a) ¿De cuántas formas puede guardarlos?

    (b) ¿En cuántas de esas formas la colocación es correcta, es decir, cada CD va a su caja?

29. En una clase de Educación Física, el profesor dice a un grupo de ocho alumnos que se pongan en fila para saltar el potro. ¿De cuántas formas pueden colocarse los alumnos?

30. Un examen consta de 7 preguntas. La profesora les dice a los alumnos que antes de empezar lean todas las preguntas y que contesten en el orden que ellos prefieran. ¿De cuántas formas pueden hacerlo?

31. Cuando saltan al terreno de juego los 11 jugadores de un equipo de fútbol, estos se colocan en fila. La única condición que deben cumplir es que el capitán debe colocarse junto al árbitro. ¿De cuántas formas pueden colocarse?

32. En una partida de mus se reparten cuatro cartas a cada jugador. ¿De cuántas formas diferentes puede colocarse las cartas cada jugador para empezar a jugar?

33. Con las cinco vocales a, e, i, o, u:

    (a) ¿Cuántas ordenaciones diferentes se pueden hacer en las que intervengan las cinco vocales y no se repita ninguna?

    (b) Suponiendo que están ordenadas alfabéticamente con anterioridad, ¿cuál ocupa el lugar 13?

34. Con las cifras 2, 4, 6 y 8:

    (a) ¿Cuántos números de cuatro cifras diferentes se pueden formar?

    (b) Si ordenamos esos números de menor a mayor, ¿qué lugar ocupa el 8264?

35. En una carrera hípica participan 7 caballos. ¿De cuántas formas pueden llegar a la meta?

36. ¿Cuántos números de cuatro cifras distintas pueden escribirse con las cifras 0, 2, 4, 6?

5 Variaciones

Ejercicio resuelto 5.1

Ante un conflicto en clase entre dos alumnos, la profesora decide que ambos expongan el problema y que una comisión representativa de la clase decida. Esta comisión estará compuesta por un alumno que tendrá el cargo de presidente, otro que tendrá el cargo de vocal y otro que tendrá el cargo de secretario. La profesora realizará esta asignación por sorteo entre los 20 alumnos restantes de la clase. ¿De cuántas formas diferentes se puede formar la comisión?

Si primero se sortea el cargo de presidente, para este puesto hay 20 candidatos posibles. A continuación se sortea el puesto de vocal, para el que hay 19 candidatos posibles. Por último, se sortea el puesto de secretario, para el que ya solo quedan 18 candidatos. Formando el diagrama de árbol correspondiente, veríamos que hay, $20 \cdot 19 \cdot 18 = 6840$ posibles formas de crear la comisión. Estas formaciones se llaman variaciones de 20 elementos tomados de tres en tres.

Variaciones ordinarias o sin repetición de m elementos tomados de n en n ($n \leq m$) son los diferentes grupos que se pueden formar con los m elementos de manera que:

- En cada grupo haya n elementos distintos.

- Dos grupos serán distintos si difieren en los elementos que los componen o en el orden de colocación.

El número de variaciones sin repetición de m elementos tomados de n en n lo representaremos por $V_{m,n}$. Observa que cuando $m = n$ se toman todos los elementos, y se tiene que $V_{m,m} = P_m$. Es decir, las permutaciones son un caso particular de las variaciones sin repetición.

5.1. Número de variaciones sin repetición

El número de variaciones sin repetición que se pueden formar con m elementos tomados de n en n ($n \leq m$) es igual a:

$$V_{m,n} = m(m-1)(m-2)\ldots(m-(n-1)) = m(m-1)(m-2)\ldots(m-n+1)$$

La expresión anterior se simplifica utilizando el concepto de factorial de un número, ya que multiplicando y dividiendo se obtiene:

$$V_{m,n} = m(m-1)(m-2)\ldots(m-n+1) =$$
$$= \frac{m(m-1)(m-2)\ldots(m-n+1)(m-n)!}{(m-n)!} = \frac{m!}{(m-n)!}$$

Así, el número de variaciones sin repetición que se pueden formar con m elementos tomados de n en n, con $n \leq m$, es igual a

$$\boxed{V_{m,n} = \frac{m!}{(m-n)!}}$$

Ejercicio resuelto 5.2

Continuando con el ejemplo anterior...

Si la comisión estuviese formada solo por un presidente, $V_{20,1} = 20$ formas.

Si la comisión estuviese formada por un presidente y un secretario, esta podría hacerse de 380 formas: $V_{20,2} = 20 \cdot 19 = 380$ formas.

Si la comisión estuviese formada por un presidente, un vocal, un secretario y un ayudante del secretario: $V_{20,4} = 20 \cdot 19 \cdot 18 \cdot 17 = 116280$ formas.

Ejercicios

37. Con los dígitos 1, 2, 3, 4 y 5, ¿cuántos números de tres cifras diferentes se pueden formar?

38. ¿Cuántos números de tres cifras se pueden formar con los dígitos 0, 1, 2, 3, 4, 5 y 6 sin que se repita ninguno?

39. Con los dígitos 0, 2, 4, 6 y 8:

    (a) ¿Cuántos números de tres cifras distintas se pueden formar sin que se repita ningún dígito? (La primera cifra no puede ser un cero.)

(b) Si ordenas esos números de menor a mayor, ¿cuál ocupa el puesto 14?

(c) ¿Cuánto valdría la suma de todos esos números?

40. En una carrera de los Juegos Olímpicos participan ocho atletas. ¿De cuántas maneras se pueden repartir las tres medallas?

41. En la Liga ACB de baloncesto participan 18 equipos. Juegan todos contra todos en partidos de ida y vuelta.

    (a) ¿Cuántos partidos se juegan en total?

    (b) Si en la Liga hay tres equipos de la misma región, ¿cuántos derbis habrá? (Un derbi es un partido en el que se enfrentan dos equipos de la región.)

5.2. Variaciones con repetición

Ejercicio resuelto 5.3

El juego de la quiniela consiste en acertar el resultado de 14 partidos de fútbol. Hay que señalar un 1 si crees que ese partido lo ganará el equipo local, una X si crees que empatarán y un 2 si crees que ganará el equipo visitante. ¿De cuántas formas diferentes se puede rellenar un boleto de la quiniela?

Observa que para el primer partido tenemos 3 posibilidades: 1, X, 2; para el segundo tenemos las mismas tres posibilidades, y así hasta llegar al último partido. La quiniela se puede rellenar de $3 \cdot 3 \cdot 3 \cdot \ldots \cdot 3 = 3^{14} = 4782969$ formas distintas.

Cada una de estas formas diferentes de rellenar una quiniela se denomina variación con repetición de 3 elementos tomados de 14 en 14.

Como en el caso de las variaciones sin repetición, el orden sigue influyendo, pero los elementos se pueden repetir.

Variaciones con repetición de m elementos tomados de n en n son los distintos grupos que se pueden formar con los m elementos, de manera que:

- En cada grupo entran n elementos, repetidos o no.
- Dos grupos son distintos si difieren en algún elemento o en el orden en el que están colocados.

El número de variaciones con repetición de m elementos tomados de n en n se representa por $VR_{m,n}$ y vale

$$VR_{m,n} = m^n$$

Ejercicio resuelto 5.4

Acabamos de ver que la quiniela se puede rellenar de $VR_{3,14} = 3^{14} = 4782969$ formas diferentes. Supongamos que el boleto de quiniela cambia, y pasa a estar formado por otro número de partidos distinto de 14.

El modo de calcular las posibles formas de rellenar el boleto es análogo a como lo hicimos anteriormente.
Con un partido $VR_{3,1} = 3^1 = 3$ formas diferentes.
Con dos partidos $VR_{3,2} = 3^2 = 9$ formas diferentes.
Con tres partidos $VR_{3,3} = 3^3 = 27$ formas diferentes.
Con quince partidos $VR_{3,15} = 3^{15} = 14\,348\,907$ formas diferentes.

Ejercicio resuelto 5.5

En la cafetería del colegio hay seis clases de bocadillos: de tortilla, beicon, jamón, salchichón, chorizo y vegetal. A la hora del recreo, Verónica baja a la cafetería y se compra un bocadillo. ¿De cuántas formas lo puede hacer durante una semana de clases?

Como cada uno de los cinco días Verónica tiene seis posibilidades de elección del bocadillo y cada día puede repetir (o no) la elección que haya hecho los otros días, el número total de formas en las que puede hacer su elección es $VR_{6,5} = 6^5 = 7776$.

Ejercicios

42. En un examen, una pregunta consiste en responder si 10 afirmaciones son verdaderas o falsas. ¿De cuántas maneras distintas se puede responder?

43. Sabemos que hay 4 782 969 formas diferentes de rellenar una quiniela. ¿Cuántas formas hay de rellenarla sin utilizar la X?

44. Para colorear la siguiente bandera disponemos de 8 colores diferentes.

    (a) ¿De cuántas formas lo podemos hacer si queremos que la bandera sea tricolor, es decir, de tres colores distintos?

    (b) Y si pudiésemos repetir colores, ¿de cuántas formas la podríamos colorear?

45. IATA son las siglas de International Air Transport Association. Para localizar los distintos aeropuertos de todo el mundo, la JATA asigna a cada aeropuerto un código de tres letras. Así, por ejemplo, el código del aeropuerto de Madrid es MAD. ¿Cuántos códigos de aeropuertos se pueden asignar si el alfabeto tiene 26 letras?

46. Un número es capicúa si coincide con dicho número cuando lo escribimos al revés. Por ejemplo, el número 2552 es capicúa.

    (a) ¿Cuántos números capicúas hay de 8 cifras?

    (b) ¿Cuántos números capicúas hay de 9 cifras?

47. Con las cifras 6, 7, 8 y 9:

   (a) ¿Cuántos números de seis cifras se pueden formar?

   (b) ¿Cuántos terminan en siete?

   (c) ¿Cuántos son impares?

48. Un país tiene en la actualidad 11 000 000 de coches. Para matricularlos asignan a cada uno una matrícula formada por seis dígitos impares y dos letras distintas de las 26 que forman el alfabeto. ¿Se podrán matricular así todos los coches?

49. Si se lanza una moneda 3 veces:

   (a) ¿Cuántos resultados se pueden obtener?

   (b) ¿Y si se lanza 5 veces?

   (c) ¿Y si se lanza n veces?

6 Combinaciones sin repetición

Ejercicio resuelto 6.1

El club de fútbol de una ciudad tiene dos puestos vacantes en su primer equipo. Para seleccionar a esos dos candidatos se convoca a los 30 deportistas de los equipos filiales que cumplen el requisito de la edad. Como todos están dispuestos a aceptar el ofrecimiento, el club decide sortear las plazas. ¿De cuántas formas se puede realizar la elección?

Una primera idea podría ser considerar las variaciones sin repetición de 30 elementos tomados de 2 en 2, pero esta solución no es correcta porque en las variaciones con repetición influía el orden, y en este ejemplo no. Da lo mismo que se elija a Luis y César que a César y Luis.
¿Cómo solucionarlo? Cada variación de estos 30 elementos tomados de dos en dos se puede ordenar de $P_2 = 2!$ formas diferentes, por lo que el número de elecciones posibles serán $\dfrac{V_{30,2}}{P_2} = \dfrac{30 \cdot 29}{2 \cdot 1} = 435$ formas diferentes. Estos grupos que se pueden formar se denominan combinaciones de 30 elementos tomados de 2 en 2.

Combinaciones ordinarias o sin repetición de m elementos, tomados de n en n, con $n \leq m$, son los distintos grupos que se pueden formar con los m elementos, de manera que:

- En cada grupo entran n elementos distintos.

- Dos grupos son distintos si difieren en algún elemento, pero no en el orden de colocación.

El número de combinaciones ordinarias de m elementos tomados de n en n se representa por $C_{m,n}$.

6.1. Número de combinaciones sin repetición

Ejercicio resuelto 6.2

¿Cómo cambia el resultado del ejemplo anterior si variamos el número de vacantes ofertadas?

En el ejemplo anterior hemos visto que $C_{30,2} = 435$. Si cambiamos el número de vacantes ofertadas por el club, el problema se resuelve de manera análoga. Con 3 vacantes ofertadas, $C_{30,3} = \dfrac{V_{30,3}}{P_3} = \dfrac{30 \cdot 29 \cdot 28}{3 \cdot 2 \cdot 1} = 4060$ combinaciones.

El número de combinaciones sin repetición que se pueden formar con m elementos tomados de n en n, con $n < m$, es:

$$\begin{aligned} C_{m,n} &= \frac{V_{m,n}}{P_n} = \frac{m(m-1)(m-2)\ldots(m-n+1)}{n!} \\ &= \frac{m(m-1)(m-2)\ldots(m-n+1)(m-n)!}{n!(m-n)!} = \frac{m!}{n!(m-n)!} = \binom{m}{n} \end{aligned}$$

Ejercicios

50. Para organizar un viaje de fin de curso, entre los 45 alumnos de 4º de ESO de un instituto se elegirá un comité. De esos 45 alumnos, 20 son chicos, y 25, chicas. El comité estará compuesto por dos chicos y dos chicas. ¿De cuántas maneras puede formarse?

51. En un equipo de fútbol hay 3 porteros, 6 defensas, 7 centrocampistas y 3 delanteros.

    Si el entrenador juega con 1 portero, 4 defensas, 4 centrocampistas y 2 delanteros, ¿de cuántas formas diferentes puede hacer su alineación?

52. El profesor de Matemáticas de 4º de ESO debe elegir entre sus 25 alumnos a 3 para que vayan, con todos los gastos pagados, a Sevilla a un concurso nacional de Matemáticas. Si la elección la realiza al azar, ¿de cuántas formas puede hacerlo?

53. En una fiesta hay 50 personas. Para saludarse, cada uno se da la mano con el resto de los invitados. ¿Cuántos apretones de manos habrá en la fiesta?

54. Un examen consta de 8 preguntas. El alumno debe responder únicamente 5 de ellas. ¿Cuántos exámenes distintos puede realizar el alumno?

7 Distinción entre permutación, variación y combinación

El principal problema al que se enfrentan los estudiantes en este tema es cómo distinguir mediante la lectura del enunciado cómo discernir si se trata de una situación que requiere permutaciones, variaciones o combinaciones. En este apartado describimos la metodología para distinguir entre estas tres situaciones.

Ante la lectura del enunciado, la primera pregunta que cabe hacerse es: ¿influye el orden de los elementos en el resultado final?

- Si la respuesta es **no**, estaremos hablando de **combinaciones**. En este caso, lo único que nos quedará por averiguar si se aceptan o no repeticiones de elementos, en el primer caso hablaremos de combinaciones con repeticiones y en el segundo de combinaciones ordinarias o sin repeticiones.

- Si la respuesta es **sí** nos preguntaremos si en la elección han de participar necesariamente todos los elementos.

  - Si la respuesta a esta segunda pregunta es también **sí**, hablaremos de **permutaciones**, con o sin repetición dependiendo de si entre los elementos a ordenar existen elementos indistinguibles.
  - Si, en cambio, la respuesta es **no**, hablaremos de **variaciones**, con o sin repetición dependiendo de si se permite que el mismo elemento aparezca o no varias veces en la combinación.

Ejercicios

55. Brenda tiene 2 anillos y se los quiere poner en dedos distintos de su mano derecha.

    (a) ¿De cuántas maneras lo puede hacer si los anillos son iguales?

    (b) ¿De cuántas maneras lo puede hacer si los anillos son distintos?

56. Con los puntos del plano $P(0,0)$, $Q(1,1)$, $R(1,0)$, $S(0,1)$ y $T(2,2)$, ¿cuántos triángulos se pueden formar que tengan por vértices tres de estos puntos?

57. Las 10 cartas de oros de una baraja española se alinean en una única fila.

   (a) ¿De cuántas formas puede hacerse?

   (b) ¿En cuántas de esas ordenaciones estará el as justo a la derecha del rey?

   (c) ¿En cuántas estarán juntos el as y el rey?

58. Un equipo de baloncesto lo forman 12 jugadores. ¿De cuántas maneras puede elegir el entrenador al cinco inicial?

59. La Lotería Primitiva es un juego en el que hay que marcar 6 números del 1 al 49.

   (a) ¿Cuántas posibles combinaciones hay?

   (b) ¿Cuántas hay formadas únicamente por números pares?

60. Un partido político cuenta con 20 candidatos para ocupar las vacantes de presidente, vicepresidente y secretario de organización. ¿Cuántas listas distintas se podrán preparar?

61. Un grupo de música tiene 24 canciones preparadas para sus conciertos. De esas 24, en cada concierto toca 20. ¿Cuántos conciertos distintos puede ofrecer, sin considerar importante el orden en que toque las canciones?

62. Una pizzería tiene una oferta especial: "Pizza grande, con 3 ingredientes a su elección entre los 20 que ofrecemos, por solo 10 euros". ¿Cuántas pizzas diferentes se pueden pedir?

63. En un concurso de televisión realizan el siguiente juego. Le tapan los ojos al concursante y le colocan delante cinco cartulinas. En cada una de ellas hay una de las letras de la palabra *VIAJE*. Si las ordena correctamente, el concursante gana un viaje a la zona del mundo que elija. ¿De cuántas maneras distintas puede ordenar la cartulinas?

64. María tiene 10 pulseras diferentes. Cada mañana se pone cuatro de ellas, dos en cada muñeca. ¿De cuántas formas diferentes se las puede poner?

65. Una línea de cercanías consta de 30 estaciones ¿Cuántos billetes distintos se podrán imprimir en cada uno viene impreso el nombre de la estación de origen, el de la estación de destino si el billete es solo de ida o de ida y vuelta?

66. Un padre tiene 3 regalos que va a repartir entre sus 6 hijos. Calcula las formas en las que puede hacerlo si:

    (a) Cada hijo puede recibir como mucho un regalo y los regalos son distintos.

    (b) Cada hijo puede recibir más de un regalo si los regalos son distintos.

    (c) Cada hijo puede recibir como mucho un regalo y los regalos son iguales.

67. Decide si las siguientes afirmaciones son ciertas o falsas.

    (a) En las variaciones con repetición no influye el orden.

    (b) En las variaciones sin repetición sí influye el orden.

    (c) En las permutaciones sí influye el orden.

    (d) En las combinaciones no influye el orden.

    (e) Las variaciones con repetición de tres elementos tomados de tres en tres coinciden con las permutaciones de tres elementos.

(f) $\binom{2015}{15} = \binom{2015}{2000}$

68. ¿De cuántas formas pueden sentarse 8 personas en un banco de 10 asientos?

69. En una maratón participan 100 corredores. Los cinco primeros que lleguen recibirán un premio.

    (a) ¿De cuántas formas se pueden repartir estos premios si son distintos?

    (b) ¿Y si los premios son iguales?

70. En una clase hay 18 alumnos.

    (a) ¿Cuántas agrupaciones diferentes de 8 personas se pueden formar?

    (b) ¿Cuántas agrupaciones diferentes de 10 personas se pueden formar?

    (c) Analiza los resultados de los apartados anteriores.

71. Un juguete muy conocido está formado por cuatro cubos, en uno de los cuales hay pintados seis sombreros, uno en cada cara del cubo; en otro hay seis cabezas; en otro, seis cuerpos, y en el último, seis pares de piernas. Combinándolos se pueden formar varios muñecos distintos. En la propaganda del muñeco pone que se pueden formar "miles de muñecos". ¿Ha exagerado el fabricante?

72. ¿Cuál es el mayor número primo que divide $95! + 96!$?

73. Con las cifras 1, 2, 3, 4, 5, 6, 7, 8 y 9 se forman números de 4 cifras distintas. ¿Cuántos números se pueden formar? Si ordenamos estos números de menor a mayor, ¿qué lugar ocupa el 3254? ¿Cuánto vale la suma de todos los números formados?

74. ¿Existe algún número natural n tal que $n!$ acabe exactamente en cinco ceros?

75. Javier ha olvidado la contraseña para acceder a su correo electrónico. La contraseña es una sucesión de números y letras que consta de un mínimo de cuatro caracteres y un máximo de seis, elegidos de entre las 22 letras y los 10 dígitos.

    Javier decide probar todas las posibilidades teniendo en cuenta ciertas condiciones que, según recuerda, cumplía la contraseña que eligió en su día.

    (a) ¿Cuántas posibilidades debe probar si no recuerda nada?

(b) ¿Cuántas posibilidades debe probar si recuerda que su contraseña constaba de cinco caracteres diferentes, de los cuales exactamente dos eran letras?

(c) ¿Cuántas posibilidades debe probar si recuerda, además, que las dos letras ocupaban las dos primeras posiciones?

(d) ¿Y si recuerda también que no utilizó ninguna consonante?

(e) Finalmente, su amigo Pablo le recordó que su contraseña acababa en 0. ¿Cuántas posibilidades tiene que probar ahora?

76. ¿De cuántas maneras se puede rellenar una quiniela de 14 partidos sin obtener ni un solo acierto?

77. Con las letras de la palabra HUESCA, ¿cuántas ordenaciones distintas se pueden hacer que empiecen por A?

78. En un despacho hay 20 abogados. ¿Cuántos juicios diferentes se pueden atender en los que intervengan 5 abogados?

79. En una provincia hay 14 pueblos que están incomunicados entre sí. ¿Cuántos trazados hay que realizar para que dos pueblos cualesquiera este comunicados directamente?

80. Un equipo de baloncesto lo componen tres bases, cinco aleros y cuatro pívots. El entrenador tieque elegir a un base, dos aleros y dos pívots para el quinteto inicial. ¿De cuántas formas puede hacerlo?

81. En un examen, el alumno debe responder a tres cuestiones, a elegir entre cinco, y a un tema, a elegir entre tres. ¿De cuántas maneras puede hacer el examen?

82. En una universidad hay matriculados 22 000 alumnos. A cada alumno le asignan aleatoriamente un código de tres letras. Teniendo en cuenta que las letras se pueden repetir, ¿crees que habrá alumnos con el mismo código?

83. Los alumnos de una clase quieren elegir a tres representantes para delegado, subdelegado y suplente, respectivamente. Si se han presentado para ello diez alumnos, ¿de cuántas maneras pueden ser elegidos?

84. En una fiesta con doce invitados se dan tres regalos distintos: uno al invitado más simpático, otro al que mejor baila y un tercero al más generoso. ¿De cuántas formas puede hacerse el reparto, si los tres regalos pueden ser para el mismo invitado?

85. ¿De cuántas maneras pueden estar colocadas seis personas en la cola de un cine?

86. Calcula los números de cuatro cifras que se pueden formar con los dígitos 1, 2, 4, 7, 8 y 9 de forma que:

    (a) No se repita ninguno.

    (b) Se puedan repetir.

87. En un decágono regular, ¿cuántas diagonales se pueden trazar?

88. ¿En cuáles de las formas de recuento que hemos visto importa el orden? ¿En cuáles se puede repetir elementos?

89. Averigua cuántos grupos se pueden formar con 20 objetos distintos, de forma que cada uno contenga:

    (a) 3 objetos.

    (b) 4 objetos.

    (c) 5 objetos.

90. Con veinte matas de plantas distintas, ¿cuántos centros de cuatro plantas cada uno se pueden formar? ¿Y de cinco plantas?

91. Si mezclamos ocho colores distintos de acuarela para crear otros nuevos, ¿cuántos colores se obtendrán al mezclarlos de dos en dos? ¿Y de tres en tres?

92. Treinta personas se presentan voluntarias para ir de misión con una ONG. Si solo pueden acudir cuatro, ¿de cuántas formas distintas se pueden elegir?

93. María debe escoger, como regalo de cumpleaños, dos libros de entre los cinco que le ofrecen. ¿De cuántas formas puede hacerlo?

94. Se dibujan cinco puntos de manera que no haya tres alineados. Si los unimos de dos en dos de todas las formas posibles, ¿cuántos segmentos se formarán?

95. ¿Cuántas diagonales se pueden trazar en las siguientes figuras?

   (a) Un pentágono convexo.

   (b) Un hexágono convexo.

   (c) Un polígono convexo de 20 lados.

   (d) Un polígono convexo de n lados.

96. Si tenemos cinco esencias de flores para hacer perfumes, ¿cuándo obtendremos mayor número de ellos, si las mezclamos de dos en dos o si las mezclamos de tres en tres? ¿Y si en un principio tenemos ocho esencias de flores?

97. Resuelve los siguientes problemas y explica cómo obtienes esos resultados:

    (a) ¿De cuántas formas podemos extraer 7 cartas de una baraja de cuarenta? ¿Y si extraemos 33 cartas?

    (b) De una urna con 15 bolas de distintos colores, extraemos nueve. ¿Cuántas combinaciones de colores obtendremos? ¿Y si sacamos 6 bolas?

98. En las combinaciones de n elementos tomados de p en p, ¿influye el orden? ¿Se pueden repetir los elementos?

99. Indica en cuáles de los siguientes casos influye el orden y en cuáles no para calcular el número pedido:

    (a) En una clase de 25 alumnos se eligen tres para formar la comisión encargada de las actividades extraescolares. Calcula el número de comisiones que se pueden formar.

    (b) En una clase de 25 alumnos, el profesor elige a tres para resolver el primer, el segundo y el tercer problema del examen. Calcula el número de grupos de tres alumnos que puede elegir.

(c) En un concurso con 20 participantes se otorgan 3 premios en metálico de diferente cuantía. Halla el número de formas distintas de repartirlos.

(d) En un concurso con 20 participantes se otorgan 3 premios iguales en metálico. Calcula el número de formas distintas de repartir el dinero.

100. En una fiesta de cumpleaños se reparten regalos distintos entre los invitados. Indica de cuántas formas se pueden repartir:

(a) Si hay 4 regalos para 4 invitados.

(b) Si hay 4 regalos para 6 invitados.

(c) Si hay 4 regalos para 6 invitados, y un mismo invitado puede obtener 1, 2, 3 o 4 regalos.

101. Cinco alumnos se quieren sentar en la primera fila de la clase, que tiene 5 mesas.

(a) ¿De cuántas maneras pueden hacerlo?

(b) Si uno de ellos ya ha elegido su sitio, ¿de cuántas formas pueden sentarse los otros cuatro?

102. Antonio quiere seleccionar 8 juguetes de un grupo de 12 para donarlos a una ONG. ¿De cuántas formas puede hacerlo?

103. Una empresa instala alarmas que llevan una clave numérica con tres números elegidos del 0 al 20. ¿Cuántas alarmas distintas puede colocar si cada número puede aparecer una sola vez en cada clave? ¿Y si los números se pueden repetir?

104. Seis amigos se juntan para jugar al mus. ¿De cuántas formas pueden formar las parejas?

105. El director de un colegio tiene que asignar los cargos de jefe de estudios, jefe de estudios adjunto y secretario entre los 55 profesores que forman el resto del claustro. ¿De cuántas formas lo puede hacer?

106. Con las letras de la palabra LIBRO se forman grupos de 5 letras en distintas posiciones.

   (a) ¿Cuántos grupos se pueden formar?

   (b) ¿Cuántos empiezan por L?

(c) ¿Cuántos empiezan por L y acaban por O?

(d) ¿Cuántos tienen la B en la segunda posición?

107. Un estudiante debe responder a 6 de las 12 preguntas de un examen. ¿De cuántas formas puede hacer la elección?

108. En una exposición se quieren colgar alineados cinco cuadros distintos y siete fotografías distintas:

   (a) ¿De cuántas formas puede hacerse?

   (b) ¿Y si queremos que los cuadros estén juntos y las fotografías también?

109. Calcula el número de:

   (a) Equipos de trabajo de 5 alumnos que un profesor puede formar con los 24 alumnos de su clase.

   (b) Formas distintas de colocar 12 fotografías de una exposición alineadas en una pared.

(c) Partidos de una liga de fútbol con 10 equipos, si todos juegan con todos a doble vuelta.

(d) Agrupaciones de los títulos de los libros elegidos por 6 alumnos, si cada uno puede escoger entre 10 libros y pueden coincidir en la elección.

110. Una empresa quiere contratar a tres personas para ocupar tres puestos vacantes. Para hacer la selección, se entrevista a 12 candidatos. ¿De cuántas formas pueden ser ocupados dichos puestos?

111. En una carrera en la que participan 10 caballos existen dos tipos de apuesta: en la primera hay que acertar quién va a quedar primero, quién segundo y quién tercero; en la segunda hay que acertar cuáles van a ser los cuatro primeros caballos en llegar, pero no su clasificación. ¿Cuál de los dos tipos de apuesta crees que es más sencilla?

112. Dibuja una circunferencia y marca sobre la misma doce puntos. Uniendo parejas de esos puntos ¿Cuántos pentágonos distintos se podrían formar?

113. ¿Cuántos números mayores que 4100 se pueden formar con las cifras 1, 2, 3, 4 sin que se repita ninguna?

114. Recordando que una diagonal de un polígono convexo es el segmento que une dos vértices no consecutivos ¿cuántas diagonales se pueden trazar en un octógono convexo?

115. Averiguar cuántas guardias de cinco personas se pueden programar con 14 soldados, con la condición de que el más antiguo de ellos ha de participar en todas.

116. Calcular la suma de todos los números de 4 cifras distintas que se pueden formar con las cifras 1, 3, 5, 7.

117. En una fábrica hay varios centros de almacenamiento, cada uno de los cuales está unido a los demás por una cinta transportadora. Calcula el número de centros de la fábrica si se sabe que el número de cintas transportadoras es 66.

118. ¿Cuántos números distintos de tres cifras diferentes pueden formarse con las cifras 2, 3, 5, 7, 8, teniendo que ser la primera cifra par?

119. Hallar cuántos números distintos de tres cifras diferentes pueden formarse con las cifras 2, 3, 4, 5, 6, 7 que estén comprendidos entre 400 y 600.

120. ¿Cuántas señales distintas pueden hacerse con cinco banderas distintas agrupándolas de tres en tres y sin que se repita ninguna? ¿Y agrupándolas de todas las formas posibles (es decir, de una en una, de dos en dos, etc)?

121. Halla la suma de todos los números de cinco cifras diferentes que pueden formase con las cifras 0, 1, 2, 3, 4.

122. ¿Cuántas palabras (con sentido o no) pueden formarse que tengan exactamente las mismas letras de la palabra CASTO y que empiecen y terminen por vocal?

123. En un club de fútbol hay 23 jugadores, de los que 3 son porteros. ¿Cuántas alineaciones diferentes puede hacer el entrenador si cualquiera de los jugadores de campo puede jugar como defensa, medio o delantero?

124. ¿Cuántos equipos de baloncesto de 5 jugadores cada uno pueden hacerse en un club de 11 jugadores, con la condición de que los jugadores A, B y C no pueden estar simultáneamente en el mismo equipo?

125. Averiguar cuántos números mayores que 200 y menores que 700 pueden formarse con las cifras 1, 2, 3, 4, 5, 6, 7 sin que tengan cifras repetidas. Responde a la misma cuestión en el caso de que las cifras se puedan repetir.

126. ¿Cuántas quinielas de fútbol habría que hacer para tener la certeza de tener una de 14 aciertos? (No tenemos en cuenta la opción del pleno al 15). ¿Cuántas apuestas habría que rellenar en el Bono Loto o en la Lotería Primitiva para tener la certeza de tener una de 6 aciertos? ¿Cuántos números de la Lotería Nacional tendría que adquirir para estar seguro de que me toca el gordo? Averigua los precios actuales de cada una de esas apuestas y explica por qué existe esa variedad.

127. Con las letras de la palabra BRAVO, ¿cuántas ordenaciones distintas pueden hacerse de forma que no haya dos vocales juntas?

128. Suponemos ordenadas en forma creciente todas las permutaciones que pueden formarse con las cifras 1, 2, 3, 5, 8, 9 sin que se repita ninguna. ¿Qué lugar ocupará la permutación 598132?

129. ¿Cuántos puntos de intersección producen 8 rectas coplanarias, sabiendo que dos de ellas son paralelas?

130. ¿Cuántas palabras que contengan dos consonantes y dos vocales pueden formarse con cinco consonantes y cuatro vocales?

131. ¿Cuántos números de cinco cifras pueden formarse con las cifras 4, 5, 6 y 7? ¿Cuántos de esos números terminan en 5? Calcula la suma de todos los números obtenidos en las dos preguntas anteriores?

132. Se suponen ordenadas en sentido creciente todas las permutaciones posibles con las cifras 1, 2, 3, 5, 7, y 8 ¿Qué lugar ocupará la permutación 731825?

133. Con, exactamente, las letras de la palabra FRANCISCO ¿cuántas palabras pueden formarse con la condición de que empiecen por N y terminen por una consonante?

134. De cierto número de rectas coplanarias se sabe que no hay tres de ellas que concurran en el mismo punto y no hay ninguna pareja de rectas paralelas. Esas rectas producen 45 puntos al cortarse. ¿De cuántas rectas estamos hablando?

135. En cada uno de los ocho vértices del octógono en que termina la torre de mando de un buque hay luces de colores diferentes. ¿Cuántas señales distintas se podrán hacer encendiendo menos de cinco luces?

136. ¿Cuántos productos diferentes pueden formarse con los números 7, 9, 11, 13 y 17 tomados de tres en tres?

137. Con seis pesas de 1, 2, 5, 10, 20, y 50 kg ¿Cuántas pesadas diferentes pueden obtenerse tomándolas de tres en tres?

138. ¿Cuántos números enteros distintos mayores que 10 y menores que 100 pueden formarse con las cifras 1, 2, 3, 4, 5, 6, 7 y 8?

139. ¿Cuántas palabras, con significado o no, pueden formarse con todas las letras de la palabra "problema"?

140. ¿Cuántos números distintos de cinco cifras diferentes pueden formarse con las cifras 1, 2, 3, 4 y 5 que sean menores que 54000?

141. Un depósito de agua tiene 5 caños de desagüe, que arrojan 1, 3, 5, 10 y 20 litros por minuto respectivamente. Abriendo indistintamente cuatro de estos caños, ¿en cuántos tiempos diferentes se puede desaguar el depósito?

142. Se tienen 14 letras diferentes. ¿De cuántas en cuántas habrá que tomarlas para que el número de sus combinaciones sea el mayor posible?

143. ¿Cuántas sumas diferentes de dos sumandos se pueden obtener con los números 1, 3, 5, 11, 21 y 41?

144. Una clase tiene 24 alumnos y el profesor pregunta cada día la lección a dos de ellos. El profesor desea que no se repita nunca la misma pareja ¿Durante cuánto tiempo lo podrá conseguir?

145. A una persona se le sirven en cada comida cuatro platos, de los nueve que son de su agrado. ¿Cuántas comidas diferentes puede hacer esa persona?

146. En una fila de cine de 10 butacas, ¿cuántas posiciones diferentes pueden ocupar tres individuos?

147. ¿De cuántas maneras diferentes pueden sentarse 10 personas alrededor de una mesa?

148. En una carrera de seis caballos, ¿cuántas clasificaciones distintas pueden producirse si se supone que no hay ningún tipo de empate?

149. El número de variaciones de n objetos tomados de seis en seis es 720 veces mayor que el de combinaciones de estos objetos tomados de cuatro en cuatro. ¿De cuántos objetos se trata?

150. La diferencia entre el número de variaciones de n objetos tomados de dos en dos y el de combinaciones de esos mismos objetos tomados también de dos en dos es 190. ¿Cuántos objetos hay?

151. Con las cifras del número 8.752.436 ¿cuántos números distintos de tres cifras se pueden formar no repitiendo ninguna? ¿y repitiendo? ¿Cuántos de esos números son mayores que 500 (en ambos casos)?

152. Se tienen los números 5874 y 12369. ¿Cuántos números enteros pueden formarse que contengan dos cifras no repetidas del primero y tres cifras no repetidas del segundo? La misma cuestión pudiendo repetirse las cifras. La misma cuestión no repitiendo las cifras del primero pero sí las del segundo.

153. Con las cifras 1, 2, 3, 4 y 5 ¿cuántos números distintos de cinco cifras se pueden formar con la condición de que entren todos y de que el 3 ocupe siempre la cifra de las centenas?

154. Halla la suma de todas las posibles combinaciones que pueden hacerse con 10 letras tomadas de dos en dos, de tres en tres, de cuatro en cuatro, ..., de ocho en ocho y de nueve en nueve.

155. ¿Cuántos números naturales existen que sean mayores que 5000 y menores que 10000 con todas las cifras diferentes?.

156. Se dispone de una baraja de 40 cartas y se extraen 3 cartas por dos procedimientos diferentes. Calcular el número de formas distintas de extraerlas:

   (a) Sin devolución de la carta extraída.

   (b) Con devolución en cada extracción.

   Calcula también el número de formas distintas de obtener 4 cartas.

157. Las placas de matrícula de un coche en España se forman con un número de 4 cifras seguidos de 3 letras. Si permitimos usar cualquier cifra y cualquier letra ¿cuántos vehículos se pueden matricular en España? ¿Y si en vez de utilizar 3 letras sólo utilizásemos 2?.

158. ¿Cuántos números capicúa hay de 4 cifras?¿Y de 7? (Un número capicúa es aquel que se lee igual de izquierda a derecha que de derecha a izquierda, por ejemplo 56765 es un número capicúa de 5 cifras).

159. ¿De cuántas formas puede elegirse un comité de 3 miembros entre 11 personas?.

160. ¿Cuántas quinielas de fútbol diferentes con 14 resultados se pueden rellenar si cada una debe tener 7 unos, 3 equis y 4 doses?.

161. En una clase de 30 alumnos, se adjudican 3 premios: al mejor alumno en Matemáticas, Lengua e Inglés. ¿De cuántas formas distintas podrán repartirse? (Un mismo alumno puede recibir varios premios).

162. Resolver el problema anterior si un alumno no puede recibir más de un premio.

163. ¿Cuántos números de 3 cifras pueden formarse con los dígitos del 1 al 9 sin que se repita ninguna cifra?

164. La bandera de un país está formada por 3 franjas horizontales de igual anchura y distinto color. ¿Cuántas banderas distintas se pueden formar con los 7 colores del arco iris?.

165. En un colegio van a representar una obra de teatro en la que intervienen 6 personajes distintos. Para otorgar estos papeles se realiza un casting en el que participan 15 alumnos. ¿De cuántas maneras distintas se pueden otorgar los papeles?

166. ¿De cuántas formas se pueden sentar 12 alumnos en 4 asientos de la 1a fila de la clase?. ¿Y si el primer asiento está reservado para el delegado?.

167. ¿Cuántas quinielas distintas de fútbol se pueden hacer?(suponer 15 partidos). ¿Cuántos costaría sellar todas estas posibilidades? (Cada columna cuesta 0,30 euros). Suponiendo que una persona tarda 30 segundos en rellenar una columna, ¿cuánto tardaría en rellenar todas esas columnas?. Suponiendo que conseguimos rellenarlas y vamos a la Administración de Loterías a sellarla, y teniendo en cuenta que se tarda 10 segundos en sellar una quiniela con 8 columnas, ¿cuánto tardaríamos en sellarla?.

168. En el alfabeto Morse se utilizan 2 símbolos: el punto y la raya. ¿Cuántos caracteres diferentes es posible obtener en dicho alfabeto tomando, respectivamente, 1, 2, 3 ó 4 de los símbolos citados?.

169. ¿Cuántos números de 3 cifras se pueden formar con los dígitos del 0 al 9, pudiendo repetir las cifras? (los números del tipo 028 no se consideran de 3 cifras).

170. En un chiringuito de playa hacen mezclas con zumo de frutas. Disponen de 6 zumos de frutas diferentes y cada mezcla se hace con 2 de esos zumos. ¿Cuántos sabores distintos se consiguen?. ¿Y si se mezclasen 3 zumos?.

171. Como respuesta a un anuncio de trabajo se presentan 12 personas para cubrir 3 plazas iguales. ¿De cuántas maneras se pueden elegir?.

172. Se lanzan 3 dados de distintos colores a la vez. ¿Cuántos resultados distintos podemos obtener?.

173. En un Campeonato Mundial de ciclismo compiten los equipos de Francia, España, Alemania e Italia. Escribir todas las posibles clasificaciones del torneo (usar un diagrama de árbol). ¿Cuántas hay?.

174. ¿De cuántas formas se pueden ordenar en fila 3 monedas de 50 céntimos, 4 de euro y 2 de 2 euros?.

175. Una heladería dispone de 10 clases diferentes de helados. La copa especial de la casa consiste en 4 clases diferentes de helados a elegir por el cliente. ¿Cuántas copas especiales de la casa pueden servirse?.

176. Un equipo de baloncesto dispone de 5 camisetas numeradas del 1 al 5 y sólo tiene 5 jugadores. ¿De cuántas formas pueden distribuirse las camisetas entre los jugadores?.

177. En una estantería hay 20 libros. Entre ellos te dejan elegir un lote de 7. ¿Cuántos lotes diferentes puedes llevarte?.

178. ¿Cuántos números de seis cifras puedes formar con los dígitos 1, 2, 4, 7, 8 y 9 sin que se repita ninguno?

179. ¿Cuántas palabras de 9 letras (con o sin sentido puedo formar con las letras a,a,a,a,b,b,c,c,c?.

180. En una reunión hay 8 personas. Si cada una estrecha la mano de las demás, ¿cuántos saludos se habrán dado?.

181. En la Primera División de fútbol hay 20 equipos: cada uno juega contra todos los demás en campo propio y en campo ajeno. ¿De cuántos partidos consta el campeonato?.

182. Se lanza una moneda 8 veces y se van anotando en fila los ocho resultados posibles de cara o cruz. ¿Cuántas filas diferentes pueden llegar a formarse?.

183. Una secretaria ha escrito 12 cartas dirigidas a 12 personas distintas y sus correspondientes sobres. A la hora de meter las cartas en los sobres se despista y va metiendo al azar las cartas en los sobres. ¿De cuántas formas distintas podrá rellenar los sobres?. Una de esas cartas va dirigida a Luis Fernández, ¿en cuántas de las formas anteriores le llegará a Luis su carta?.

184. He decidido ir al cine la próxima semana, pero no el día concreto. Además, dudo entre 3 películas. ¿Cuántas opciones distintas hay?. Represéntalas en un diagrama de árbol.

185. ¿Cuántas posibles clasificaciones se pueden dar en una liga de fútbol de 20 equipos?

186. Las 16 fichas de un parchís (4 verdes, 4 azules, 4 rojas y 4 amarillas) puestas una sobre otra ¿cuántas torres de coloridos diferentes pueden formar?. ¿Y las 24 fichas (12 blancas y 12 negras) de un juego de damas?

187. En un curso de 30 alumnos, ¿de cuántas maneras distintas es posible elegir delegado y subdelegado?

188. ¿De cuántas maneras se pueden repartir 8 regalos distintos entre Ana, Beatriz y Carlos, de modo que a Ana le correspondan 2, a Beatriz 3 y a Carlos otros 3?

189. Hay que colocar 7 caballos y 7 yeguas en los 14 cajones de salida de una carrera, de forma que los caballos ocupen los cajones impares. ¿De cuántas maneras distintas puede hacerse?

190. Con una baraja francesa (de 52 cartas), ¿cuántas manos distintas de 5 cartas pueden darse?

191. ¿De cuántas formas se pueden repartir 8 personas en 2 ascensores con capacidad para 4 personas cada uno de ellos?

192. En el menú del día de un restaurante, se ofrecen para elegir 3 primeros platos, 3 segundos y 4 postres. ¿Cuántos menús diferentes se pueden escoger?

193. ¿Cuántas palabras (con o sin sentido) de 4 letras pueden formarse con las letras de la palabra MURCIA?

194. ¿De cuántas maneras se pueden colocar en una estantería 4 libros de Matemáticas, 3 de Química y 5 de Biología, distintos todos ellos, sin separar los de una misma materia?

195. La plantilla del equipo de fútbol de Bembibre consta esta temporada de 3 porteros, 6 defensas, 5 centrocampistas y 6 delanteros:

    (a) ¿Cuántas alineaciones distintas con táctica 1-4-4-2 (1 portero, 4 defensas, 4 centrocampistas y 2 delanteros) podrá formar?

    (b) ¿Y si juega con táctica 1-5-2-3?

196. Un estudiante ha de elegir 7 cuestiones entre las 10 propuestas en un examen. ¿Cuántas elecciones distintas puede hacer?

197. ¿Cuántas palabras diferentes de 6 letras (con o sin sentido) se pueden formar con las letras de las palabras:

    (a) BIERZO

    (b) EXAMEN

    (c) ARROYO

198. Resuelve las cuestiones:

   (a) ¿Cuántos números pares de 3 cifras se pueden formar, usando las cifras 0, 1, 2, 3, 4, 5, y 6?

   (b) ¿Cuántos números de 4 cifras pueden formarse con las cifras 1, 5, 6 y 7?

   (c) ¿Cuántos números de 2 cifras, con ambas pares, existen?

   (d) ¿Cuántos números capicúas acabados en 1 de 5 cifras existen?

   (e) ¿Cuántos números de 6 cifras divisibles por 5 existen?

199. ¿De cuántas formas se puede elegir una tripulación de 4 hombres para un vuelo espacial si se dispone de 12 astronutas entrenados? ¿Y si uno de ellos es el comandante y debe ir obligatoriamente en el vuelo?

200. En la final olímpica de 100 metros lisos, hay 8 participantes. ¿Cuántas clasificaciones posibles puede haber? ¿De cuántas maneras pueden repartirse las medallas de oro, plata y bronce?

201. Un número de teléfono está formado por 7 cifras, de las cuales las dos primeras no pueden ser ni cero ni uno. ¿Cuántos números diferentes de teléfono pueden existir?

Soluciones

1. $1! = 1, 2! = 2, 3! = 6, 4! = 24, 5! = 120, 6! = 720, 7! = 5040, 8! = 40320, 9! = 362880, 10! = 3628800$.

2. (a) $6 \cdot 5 \cdot 4$.

   (b) $\frac{1}{8}$

   (c) $\frac{10 \cdot 9 \cdot 8 \cdot 7}{5 \cdot 4 \cdot 3 \cdot 2 \cdot 1} = \frac{9 \cdot 8 \cdot 7}{4 \cdot 3} = 3 \cdot 2 \cdot 7 = 42$

   (d) $\frac{4 \cdot 3 \cdot 2 \cdot 1}{12 \cdot 11 \cdot 10} = \frac{1}{11 \cdot 5}$

   (e) $\frac{8}{4} = 2$

   (f) $\frac{5 \cdot 4}{10 \cdot 8} = \frac{1}{4}$

3. (a) $\frac{11!}{8!}$

   (b) $\frac{(x+1)! \times (x-1)!}{x! \times (x-2)!}$

   (c) $\frac{(p-2)!}{(p-5)!}$

4. $x = 11$.

5. $x = 5$.

6. 24 ceros.

7. (a) $n! - (n-1)(n-1)! = n(n-1)! - (n-1)(n-1)! = (n-n+1)(n-1)! = (n-1)!$

   (b) $\frac{(n!)^2}{(n-1)!} = \frac{n!n(n-1)!}{(n-1)!} = n!n = n!(n+1-1) = (n+1)! - n!$.

8. (a) $\binom{5}{2} = 10$

   (b) $\binom{9}{4} = 126$

   (c) $\binom{7}{3} = 35$

   (d) $\binom{10}{5} = 252$

   (e) $\binom{13}{7} = 1716$

   (f) $\binom{15}{10} = 3003$

9. Es imposible.

10. (a) $\binom{8}{0} = \frac{8!}{0!8!} = \frac{1}{0!} = 1$ (Propiedad 1)

    (b) $\binom{11}{1} = \frac{11!}{1!10!} = \frac{11}{1!} = 11$ (Propiedad 3)

    (c) $\binom{17}{16} = \frac{17!}{16!1!} = \frac{17}{1!} = 17$ (Propiedad 4)

    (d) $\binom{20}{20} = \frac{20!}{20!0!} = \frac{1}{0!} = 1$ (Propiedad 2)

11. (a) $x = 8$ \hspace{2cm} (b) $x = 7$

12. (a) $\binom{8}{4}$ \hspace{2cm} (b) $\binom{11}{8}$ \hspace{2cm} (c) $\binom{15}{11}$

13. (a) $\binom{n}{k} = \frac{n!}{k!(n-k)!} = \frac{n(n-1)!}{k(k-1)!(n-1-(k-1)!)} = \frac{n}{k}\binom{n-1}{k-1}$,

(b) $\binom{n}{1} + 2\binom{n}{2} = \frac{n!}{(n-1)!1!} + 2\frac{n!}{2!(n-2)!} = n + 2\frac{n(n-1)}{2} = n^2,$

(c) $n\binom{m}{n} = n\frac{m!}{n!(m-n)!} = \frac{m!}{(n-1)!(m-n)!} = m\frac{(m-1)!}{(n-1)!(m-n)!} = m\binom{m-1}{n-1}.$

14. $m = 9.$

15.
(a) $x = 5$
(b) $x = 3$
(c) $x = 3$
(d) $x = 5$
(e) $x = 4$ y $x = 5$
(f) $x = 14$
(g) $x = 4$
(h) $x = 6.$

16. Aplicando la propiedad 5, sabiendo que $3597 + 2886 = 6483$

17. $x = 8$

18. $m = 4$

19. $x = 8$

20. $\binom{526}{524}$

21. $x = 2.$

22. Por la propiedad 7, la suma de la fila 4 de los números combinatorios es $2^4 = 16.$

23. Por la propiedad 7, la suma de la fila n de los números combinatorios es $2^n.$

24. 88 apretones.

25. 288 resultados. 216 resultados.

26. 24 indumentarias. 72 indumentarias.

27. $P_5 = 120.$

28. (a) $P_{10} = 10! = 3628800.$
    (b) 1

29. $P_8 = 40320.$

30. $P_7 = 5040.$

31. $P_{10} = 10! = 3628800.$

32. $P_4 = 24.$

33. (a) $P_5 = 120.$
    (b) aoeiu

34. (a) $P_4 = 24.$
    (b) El 20.

35. $P_7 = 5040.$

36. $P_4 = 24.$

37. $V_{5,3} = 60$.

38. $V_{7,3} = 210$.

39. (a) 48 números

    (b) 406

    (c) 25980

40. $V_{8,3} = 336$.

41. (a) $V_{18,2} = 306$.

    (b) $V_{3,2} = 6$.

42. $VR_{2,10} = 2^{10} = 1024$

43. $VR_{2,14} = 2^{14} = 16384$

44. (a) $V_{8,3} = 336$

    (b) $VR_{8,3} = 512$

45. $VR_{26,3} = 17576$

46. (a) $9 \times VR_{10,3} = 9000$ (la primera cifra no puede ser 0)

    (b) $9 \times VR_{10,4} = 90000$ (la primera cifra no puede ser 0)

47. (a) $VR_{4,6} = 4096$

    (b) $VR_{4,5} = 1024$

    (c) $VR_{4,5} = 1024$ (acabados en 7) + $VR_{4,5} = 1024$ (acabados en 9) = 2048

48. $VR_{5,6} \times V_{26,2} = 5^6 \cdot 26 \cdot 25 = 10\,156\,250$: no se podrán matricular todos los coches.

49. (a) $VR_{2,3} = 8$

    (b) $VR_{2,5} = 32$

    (c) $VR_{2,n} = 2^n$

50. $C_{20,2} \cdot C_{25,2} = \binom{20}{2} \cdot \binom{25}{2} = 57\,000$

51. $C_{3,1} \cdot C_{6,4} \cdot C_{7,4} \cdot C_{3,2} = \binom{3}{1} \cdot \binom{6}{4} \cdot \binom{7}{4} \cdot \binom{3}{2} = 4725$

52. $C_{25,3} = \binom{25}{3} = 2\,300$.

53. $C_{50,2} = \binom{50}{2} = 1\,225$.

54. $C_{8,5} = \binom{8}{5} = 56$.

55. (a) $C_{5,2} = \binom{5}{2} = 10$

    (b) $V_{5,2} = 20$

56. $C_{5,3} = \binom{5}{3} = 10$

57. (a) $P_{10} = 3628800$

    (b) 362880

(c) 725760

58. $C_{12,5} = \binom{12}{5} = 792$

59. (a) $C_{49,6} = \binom{49}{6} = 13\,983\,816$

    (b) $C_{24,6} = \binom{24}{6} = 134\,596$

60. $V_{20,3} = 6840$.

61. $C_{24,20} = 10626$.

62. $C_{20,3} = 1140$.

63. $P_5 = 120$.

64. $C_{10,2} \times C_{8,2} = 1260$.

65. $V_{30,2} \times 2 = 1740$

66. (a) $V_{6,3} = 120$.

    (b) $VR_{6,3} = 6^3 = 216$.

    (c) $C_{6,3} = 20$.

67. (a) Falsa.

    (b) Verdadera.

    (c) Verdadera.

    (d) Verdadera.

    (e) Falsa.

    (f) Verdadera.

68. $PR_{10}^{1,1,1,1,1,1,1,1,2} = \frac{10!}{2!} = 1\,814\,400$

69. (a) $V_{100,5} = 9\,034\,502\,400$.

    (b) $C_{100,5} = 75\,287\,520$.

70. (a) $C_{18,8} = 43\,758$.

    (b) $C_{18,10} = 43\,758$.

    (c) Son iguales por la propiedad 5 de los números combinatorios.

71. Sí, exagera el fabricante. Como mucho se harán $6^2 = 216$ diseños diferentes.

72. 97

73. $V_{9,4} = 3024$ números. El 3254 está en la posición 728. La suma de todos los números formados es $16\,798\,320$.

74. No. 24! acaba en 4 ceros y 25! en 6 ceros.

75. (a) $VR_{32,4} + VR_{32,5} + VR_{32,6} = 1\,108\,344\,832$.

    (b) $C_{10,3} \times C_{22,2} \times 5! = 3\,326\,400$.

    (c) $V_{22,2} \times VR_{10,3} = 332\,640$

    (d) $V_{5,2} \times VR_{10,3} = 14\,400$

(e) $V_{5,2} \times VR_{9,2} = 1440$

76. $VR_{2,14} = 2^{14} = 16384$.

77. $P_5 = 120$.

78. $C_{20,5} = 15504$.

79. $C_{14,2} = 91$.

80. $C_{3,1} \times C_{5,2} \times C_{4,2} = 180$.

81. $C_{5,3} \times C_{3,1} = 30$

82. $VR_{26,3} = 26^3 = 17576$. Ha de haber alumnos con el mismo código.

83. $V_{10,3} = 720$

84. $VR_{12,3} = 12^3 = 1728$

85. $P_6 = 720$

86. (a) $V_{6,4} = 360$

    (b) $VR_{6,4} = 6^4 = 1296$

87. $C_{10,2} - 10 = 35$

88. El orden importa en las permutaciones y las variaciones.

89. (a) $C_{20,3} = 1140$.

    (b) $C_{20,4} = 4845$.

    (c) $C_{20,5} = 15504$.

90. $C_{20,4} = 4845$ y $C_{20,5} = 15504$, respectivamente.

91. $C_{8,2} = 28$ y $C_{8,3} = 56$, respectivamente.

92. $C_{30,4} = 27405$.

93. $C_{5,2} = 10$.

94. $C_{5,2} = 10$.

95. (a) $C_{5,2} - 5 = 5$

    (b) $C_{6,2} - 6 = 9$

    (c) $C_{20,2} - 20 = 170$

    (d) $C_{n,2} - n = \frac{n!}{2!(n-2)!} - n = \frac{n(n-1)}{2} - n = \frac{n^2-3n}{2} = \frac{n(n-3)}{2}$

96. En caso de 5 fragancias obtenemos el mismo número, mezclando de dos en dos que de tres en tres. Si tuviéramos 8 fragancias, se obtienen más resultados de tres en tres.

97. (a) $C_{40,7} = C_{40,33}$, por la propiedad 5 de los números combinatorios.

    (b) $C_{15,6} = C_{15,9}$, por la propiedad 5 de los números combinatorios.

98. No, en las combinaciones no importa el orden.

99. (a) No influye el orden, $C_{25,3} = 2\,300$.

    (b) Sí influye el orden, $V_{25,3} = 13\,800$

    (c) Sí influye el orden, $V_{20,3} = 6\,840$

    (d) No influye el orden, $C_{20,3} = 1\,140$.

100. (a) $P_4 = 24$.

    (b) $V_{6,4} = 360$.

    (c) $VR_{6,4} = 1\,296$.

101. (a) $P_5 = 120$.

    (b) $P_4 = 24$.

102. $C_{12,8} = 495$.

103. Sin repetir, $V_{20,3} = 6\,840$. Pudiendo repetir, $VR_{20,3} = 8\,000$.

104. $C_{6,2} = 15$.

105. $V_{55,3} = 157\,410$

106. (a) $P_5 = 120$.

    (b) $P_4 = 24$.

    (c) $P_3 = 6$.

    (d) $P_4 = 24$.

107. $C_{12,6} = 924$.

108. (a) $P_{12} = 479\,001\,600$.

    (b) $P_5 \times P_7 \times 2 = 1\,209\,600$

109. (a) $C_{24,5} = 42\,504$.

    (b) $P_{12} = 479\,001\,600$

    (c) $V_{10,2} = 90$.

    (d) $VR_{10,6} = 1\,000\,000$.

110. $C_{12,3} = 220$.

111. Primera apuesta: $V_{10,3} = 720$. Segunda apuesta: $C_{10,4} = 210$. Es más sencilla la segunda apuesta.

112. $C_{12,5} = 792$.

113. $P_3 = 6$

114. $C_{8,2} - 8 = 20$.

115. $C_{13,4} = 715$.

116. 12 centros.

117. $2 \times 4 \times 3 = 24$.

118. $2 \times 5 \times 4 = 40$.

119. $V_{5,3} = 20$. $V_{5,1} + V_{5,2} + V_{5,3} + V_{5,4} + V_{5,5} = 325$.

120. $2\,666\,640$.

121. $2 \times P_3 = 12$

122. $C_{3,1} \times C_{20,10} = 554\,268$

123. $C_{11,5} - C_{8,2} = 434$

124. $5 \times 6 \times 5 = 150$. Si se pueden repetir $5 \times 7 \times 7 = 345$.

125. Quiniela: $VR_{3,14} = 3^{14} = 4\,782\,969$. Bonoloto - Primitiva: $C_{49,6} = 13\,983\,816$. Lotería nacional $VR_{10,5} = 100\,000$.

126. $P_5 - 2 \times P_4 = 72$

127. La 476.

128. $2 \times C_{7,2} = 42$

129. $P_4 \times C_{5,2} \times C_{4,2} = 1440$

130. $VR_{4,5} = 4^5 = 1024$. Acaban en 5: 256. La suma de todos los números es $62\,577\,152$ y la suma de los que acaban en 5: $15\,644\,160$.

131. La posición 533.

132. $\frac{1}{2} PR_8^{1,1,1,2,1,1,1} = \frac{8!}{2\cdot 2!} = 10080$

133. 10 rectas

134. $C_{8,1} + C_{8,2} + C_{8,3} + C_{8,4} = 162$

135. $C_{9,3} = 84$

136. $C_{5,3} = 10$

137. $C_{6,3} = 20$

138. 64

139. $P_8 = 40320$

140. 114

141. $C_{5,4} = 5$

142. $C_{14,7} = 3432$

143. $C_{6,2} = 15$

144. $C_{24,2} = 276$

145. $C_{9,4} = 126$

146. $PR_{10}^{7,1,1,1} = \frac{10!}{7!} = 720$

147. $P_{10} = 3\,628\,800$

148. $P_6 = 720$

149. 10

150. $n = 20$.

151. $V_{7,3} = 210$. $VR_{7,3} = 343$. Mayores de 500 sin repetir: 120. Mayores de 500 repitiendo: 196.

152. $V_{4,2} \times V_{5,3} = 240$. $VR_{4,2} \times VR_{5,3} = 2\,000$. $V_{4,2} \times VR_{5,3} = 1\,500$

153. $P_4 = 24$

154. $1024 - C_{10,0} - C_{10,1} - C_{10,10} = 1012$

155. $5 \times V_{9,3} = 2520$

156. (a) $V_{40,3} = 59\,280$
    (b) $VR_{40,3} = 64\,000$
    Con 4 cartas: $V_{40,4} = 2\,193\,360$ y $VR_{40,4} = 2\,560\,000$.

157. $VR_{10,4} \times VR_{26,3} = 10^4 \times 26^3 = 175\,760\,000$. Con 2 letras: $VR_{10,4} \times VR_{26,2} = 10^4 \times 26^2 = 6\,760\,000$.

158. $VR_{10,2} = 100$. $VR_{10,4} = 10000$

159. $C_{11,3} = 165$.

160. $PR_{14}^{7,3,4} = \frac{14!}{7!3!4!} = 120\,120$

161. $VR_{30,3} = 27\,000$

162. $V_{30,3} = 24\,360$

163. $V_{9,3} = 504$

164. $VR_{7,3} = 343$.

165. $V_{15,6} = 3\,603\,600$

166. $PR_{12}^{8,1,1,1,1} = \frac{12!}{8!} = 11\,880$. $PR_{11}^{8,1,1,1} = \frac{11!}{8!} = 11\,880 = 990$

167. $VR_{3,15} = 14\,348\,907$. Coste: $4\,304\,672{,}1$ euros. Tiempo: $134\,521\,003{,}1$ s.

168. $2 + 4 + 8 + 16 = 30$.

169. 900

170. Con 2 zumos, $C_{6,2} = 15$, con 3 zumos, $C_{6,3} = 20$.

171. $C_{12,3} = 220$.

172. $VR_{6,3} = 6^3 = 216$.

173. Hay 24 posibilidades: AEFI, AEIF, AFEI, AFIE, AIEF, AIFE, EAFI, EAIF, EFAI, EFIA, EIAF, EIFA, FAEI, FAIE, FEAI, FEIA, FIAE, FIEA, IAEF, IAFE, IEAF, IEFA, IFAE, IFEA.

174. $PR_9^{2,3,4} = \frac{9!}{2!3!4!} = 1\,260$.

175. $C_{10,4} = 210$.

176. $P_5 = 120$

177. $C_{20,7} = 77520$.

178. $V_{6,6} = 720$

179. $PR_9^{2,3,4} = \frac{9!}{2!3!4!} = 1260$.

180. $C_{8,2} = 28$

181. 380

182. $VR_{2,8} = 256$

183. $P_{12} = 479\,001\,600$. $P_{11} = 39\,916\,800$.

184. 21 posibilidades.

185. $P_{20} = 2\,432\,902\,008\,176\,640\,000$

186. $PR_{16}^{4,4,4,4} = \frac{16!}{4!4!4!4!} = 63\,063\,000$. $PR_{24}^{12,12} = \frac{24!}{12!12!} = 2\,704\,156$.

187. $V_{30,2} = 870$

188. $PR_8^{2,3,3} = \frac{8!}{2!3!3!} = 560$.

189. $P_7 \times P_7 = 25\,401\,600$

190. $C_{52,5} = 2\,598\,960$

191. $C_{8,4} = 70$

192. 36 menús.

193. $VR_{6,4} = 1296$

194. $3! \cdot 4! \cdot 5! \cdot 3! = 103\,680$.

195. (a) $V_{3,1} \times V_{6,4} \times V_{5,4} \times V_{6,2} = 162\,000$
    (b) $V_{3,1} \times V_{6,5} \times V_{5,2} \times V_{6,3} = 129\,600$

196. $C_{10,7} = 120$

197. (a) $P_6 = 720$
    (b) $P_6 = 720$
    (c) $PR_6^{2,2,1,1} = \frac{6!}{2!2!} = 180$.

198. (a) 196
    (b) $VR_{4,4} = 4^4 = 256$
    (c) $VR_{5,2} = 25$
    (d) $VR_{10,2} = 100$
    (e) 200 000

199. $C_{12,4} = 495$. $C_{11,3} = 165$.

200. Clasificaciones posibles: $P_8 = 40\,320$. Maneras de repartirse las medallas: $V_{8,3} = 336$.

201. 6 400 000.

www.ingramcontent.com/pod-product-compliance
Lightning Source LLC
Chambersburg PA
CBHW041523220426
43669CB00002B/31